新时代的中国农村公路发展

（2024 年 11 月）

中华人民共和国
国务院新闻办公室

责任编辑：刘敬文　王新明

图书在版编目（CIP）数据

新时代的中国农村公路发展 / 中华人民共和国国务
院新闻办公室著. -- 北京 ：人民出版社，2024. 11.
ISBN 978－7－01－026931－3

Ⅰ. F542. 3

中国国家版本馆 CIP 数据核字第 20242273CM 号

新时代的中国农村公路发展
XINSHIDAI DE ZHONGGUO NONGCUN GONGLU FAZHAN
（2024 年 11 月）

中华人民共和国国务院新闻办公室

人民出版社 出版发行
（100706　北京市东城区隆福寺街 99 号）

中煤（北京）印务有限公司印刷　新华书店经销

2024 年 11 月第 1 版　2024 年 11 月北京第 1 次印刷
开本：850 毫米×1168 毫米 1/32　印张：1.75
字数：28 千字

ISBN 978－7－01－026931－3　定价：5.00 元

邮购地址 100706　北京市东城区隆福寺街 99 号
人民东方图书销售中心　电话（010）65250042　65289539

目　　录

前　言

　　农村公路是覆盖范围最广、服务人口最多、公益性最强的交通基础设施，是农村地区最主要甚至是唯一的交通方式，对于服务农民出行、增进民生福祉、改善人居环境、促进农业农村现代化具有重要作用。

　　今年是新中国成立 75 周年。中国幅员辽阔，地形复杂，人口众多，自然条件、资源禀赋、区域发展差异较大。中国共产党团结带领中国人民白手起家、艰苦创业，坚持政府主导、以人为本、改革创新、因地制宜，着力破解制约经济社会发展的交通瓶颈，推动农村公路实现了从"走得了"到"走得好"的持续发展。

　　中共十八大以来，中国农村公路进入崭新发展阶段。在习近平总书记"进一步把农村公路建好、管好、护好、运营好"重要指示的指引下，通过创新体制、完善政策，系统谋划、精准施策，持续推动农村公路高质量发展，农村公路的覆盖范围、通达深度、管养水平、服务能力、安全韧性显著提高。条条大道连接中国万里河山,阡陌交通托起百姓致富梦想,中国走出了一条符合国情的农村公路发展道路,也为全球减贫事业发展贡献了中国智慧、中国方案。

为介绍新时代中国农村公路发展成就和理念,分享中国推动农村公路发展的实践经验,特发布本白皮书。

一、建设造福农村、惠及农民的幸福路

新中国成立之初,一穷二白、百废待兴,农村公路艰难起步。改革开放后,中国通过"以工代赈"、"八七"扶贫攻坚、西部大开发等重大国家战略,加大对农村公路的支持力度,有效强化了农村公路的基础条件,2002年农村公路总里程达到134万公里①。2003年,提出"修好农村路,服务城镇化,让农民兄弟走上油路和水泥路",实施"东部地区通村、中部地区通乡、西部地区通县工程"和"通达通畅工程",农村公路进入快速发展阶段,2012年农村公路总里程增长到368万公里。

进入新时代,中国的农村公路建设围绕打赢脱贫攻坚战、实施乡村振兴战略,以服务保障广大农民致富奔小康为出发点和落脚点,持续推进高质量发展,实现了具备条件的乡镇和建制村通硬化路、通客车、通邮路目标。截至2023

---

① 本书统计数据暂未含我国的港澳台地区,下同。

年底,农村公路总里程增长到 460 万公里,占公路总里程的 84.6%,形成了"外通内联、通村畅乡、客车到村、安全便捷"的农村交通运输网络,带动了农村地区整体面貌发生巨变。中国农村公路事业沿着服务农业、造福农村、惠及农民的发展方向,阔步前行。

(一) 以人民为中心

坚持以人民为中心的发展思想,努力满足人民对美好出行的需求,修人民最想修的路,着力解决人民最关心、最直接、最现实的问题。坚持人民共建共治共享,充分发挥人民群众的积极性、主动性、创造性。坚持普惠性、可持续发展,大力推进城乡基本公共服务均等化,奋力实现农村公路由"通"到"畅"再到"好"的转变,让人民共享交通发展成果,不断提升人民的获得感、幸福感、安全感。

(二) 高位谋划融入发展大局

坚持围绕中心、服务大局,把农村公路放在打赢脱贫攻坚战、实施乡村振兴战略、推进农业农村现代化等事关国家发展全局的重大任务中统筹谋划部署。充分发挥农村公路在农村经济社会发展中的先行作用,坚持科学规划、适度超前,加快补短板强弱项,消除制约农村发展的交通瓶颈,实现所有具备条件的乡镇和建制村通硬化路、通客车、通邮路,推动农村公路提升服务品质、提高服务效率、拓展服务功能,引领服务促进城乡统筹,助力减少城乡差距,推进农业农村现代化、促进农民农村共同富裕。

（三）因地制宜探索发展路径

坚持精准施策,充分考虑不同地区、不同类型乡村的阶段性特征以及客观条件,差异化制定发展目标任务和支持政策,使农村公路与区域经济发展水平、乡村产业布局和群众安全便捷出行需求相适应。按照"宜宽则宽、宜窄则窄"的原则,合理确定建设技术标准,节约集约用地,强化生态环境保护和民俗文化传统保护。立足各地资源禀赋差异,探索适合不同地区的农村公路发展模式,促进农村公路与当地产业深度融合,充分发掘当地资源优势,不断延长农业产业链,助力产业提升。

（四）以改革创新为动力

坚持深化农村公路管理养护体制改革,持续完善农村公路建设、管理养护、客货运输发展的体制机制和政策制度,构建系统完备、科学规范、运行有效的制度体系,推动建设、管理、养护、运营协调发展。把有为政府和有效市场结合起来,加大政府投入力度,充分调动社会力量,解决农村公路发展不平衡不充分问题。把高质量发展摆在突出位置,以改革创新激发农村公路发展活力,因地制宜发展新质生产力,以农村公路高质量发展服务保障中国式现代化建设。

（五）统筹协作凝聚发展合力

坚持调动各方积极性,建立"政府主导、部门协调、上下联动、运转高效"的工作格局,形成权责清晰、齐抓共管的农村公路管理养护体制机制。加强资源、资金和政策整合,强化农村公路管理养护资金保障,提高对重大战略、重点区域的保障力度。激发广大群众参与农村公路建设和养护的积极性、主动性,发挥企事业单位、社会团体、国际组织的积极作用,把农村公路示范创建作为发挥省市两级统筹指导作用、夯实县级主体责任的有效载体,共同汇聚形成发展强大合力。

二、农村公路通到老百姓家门口

家门口的幸福,起于阡陌交通。以适应和满足优化村镇布局、农村经济发展和农民安全便捷出行需求为目标,持之以恒、攻坚克难,稳步推进农村交通基础设施建设,"晴天一身土,雨天一身泥"成为历史,"出门水泥路,抬脚上客车"的梦想变为现实。

（一）通村畅乡连片成网

十年来,中国农村公路建设成效显著,在农村公路总规模增长的同时,技术等级和通达深度也明显提升。

里程规模显著增长。十年来,新改建农村公路 250 余万公里。截至 2023 年底,农村公路总里程达到 460 万公里,长度可绕地球赤道 115 圈,十年间增长 21.7%。县道、乡道、村道里程分别达到 70 万公里、124 万公里、266 万公里。农村公路桥梁达到 53 万座、隧道 2222 座。形成了一张县道沟通城乡、乡道往来交织、村道抵田连户的农村交通基础设施网络。

（万公里）

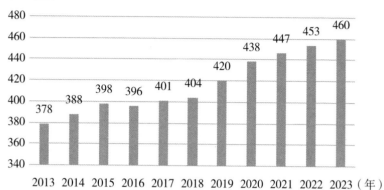

图1 农村公路里程变化情况

技术等级逐年提高。截至 2023 年底,农村公路等级路①里程及比例分别达到 445 万公里和 96.8%,铺装路面里程及比例分别达到 422 万公里和 91.8%,十年间分别提高了 11.9 个百分点、27.2 个百分点。

通达深度全面提升。实现了具备条件的约 3 万个乡镇、超过 50 万个建制村全部通硬化路(专栏 1)。有序实施了较大人口规模自然村(组)通硬化路建设。旅游景点、产业园区、资源矿产等农村地区主要经济节点的通硬化路问题基本解决。偏远地区尤其是山区农民群众对外出行更加便捷。

---

① "等级路"指按《公路工程技术标准》,技术等级为高速、一级、二级、三级、四级的公路。

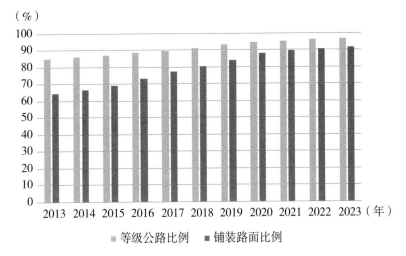

图 2 农村公路等级公路和铺装路面比例变化情况

<table>
<tr><td colspan="2">专栏 1　小康路上不让任何一地因交通而掉队</td></tr>
<tr><td colspan="2">

　　响应广大农民群众致富奔小康的期盼,逐步推进具备条件的乡镇和建制村通硬化路,十年来,累计解决了 821 个乡镇、7.06 万个建制村通硬化路难题。

　　阿布洛哈村,位于四川省凉山彝族自治州布拖县。阿布洛哈,彝语意为"人迹罕至的地方"。该村三面环绕着海拔 3000 米以上的高山,一面朝江临崖。修路前村民需沿陡峭的山路步行 3 个多小时才能出村。为解决村民出行难题,实施了全长近 4 公里的通村路项目。项目全线地质结构复杂,施工难度大,最终动用重型运输直升机吊装设备修路。公路建成后,村民坐车 10 多分钟就可出村。

　　跨山越岭、过河穿沙。农村地区"行路难"问题得到历史性解决,助力亿万农村贫困人口全部脱贫,确保小康路上不让任何一地因交通而掉队。

</td></tr>
</table>

（二）有规划有步骤有目标

立足服务国家发展战略和农村经济社会发展需求,坚持规划引领、加强统筹协调,科学制定农村公路发展阶段性目标、任务和路径,推进农村公路事业稳步有序发展。

系统谋划农村公路发展。农村公路中长期规划是农村公路事业持续健康发展的基本依据。我国 2005 年发布《农村公路建设规划》,2013 年发布《集中连片特困地区交通建设扶贫规划纲要(2011—2020 年)》,提出到 2020 年具备条件的乡镇和建制村通沥青(水泥)路等发展目标,把具备条件的乡镇和建制村通硬化路作为全面建成小康社会的交通运输兜底性任务,加大贫困地区农村公路建设力度。2021年发布《农村公路中长期发展纲要》,构建便捷高效的农村公路骨干路网、普惠公平的农村公路基础网络,科学指导全面建设社会主义现代化国家新征程阶段农村公路建设与发展。2022 年发布《全国国土空间规划纲要(2021—2035年)》,引导农村公路与产业园区、旅游景区等协同布局,加强农村公路与乡村文旅资源和特色产业对接。

有序推进农村公路建设。在中长期规划指引下,制定了公路五年发展规划等阶段性规划。合理确定不同时期的农村公路发展目标和重点任务(专栏2),有序实施"通达通畅工程"、提档升级工程、安全能力提升工程、联网路建设工程等。因地制宜、分区分类施策,统筹推进农村公路建设,一步一步推进、积小胜为大胜,逐步提升农村公路服务能力和水平。

专栏2　各时期农村公路建设重点任务

"十二五"时期:(一)推进以西部建制村通沥青(水泥)路等为重点的全国通达、通畅建设任务,满足农民群众基本出行需求。(二)完善农村公路基础设施,包括桥梁新改建工程、安保工程等,提高农村公路的抗灾能力和安全水平。(三)改善农村公路网络状况,包括县乡道改造、连通工程等,提高农村公路的网络化水平和整体服务能力。

"十三五"时期:(一)按照全面建成小康社会和扶贫开发基本要求,以西部地区、集中连片特困地区、"老少边穷"①地区为主战场,全面完成具备条件的剩余乡镇、建制村通硬化路任务。(二)按照建制村通客车要求,加强农村公路窄路基或窄路面路段改造。(三)有序推进人口仍然聚居的撤并建制村通硬化路建设,继续实施农村公路渡改桥工程。结合农村经济发展和村镇建设,实施一批旅游路、资源路、产业路和新型村镇出口路等县乡道改造和联网路。

"十四五"时期:(一)推动交通建设项目更多向进村入户倾斜,因地制宜推进较大人口规模自然村(组)通硬化路建设。(二)实施建制村通双车道公路建设和过窄农村公路拓宽改造。(三)加强通村公路和村内道路连接,统筹规划实施农村公路穿村路段,灵活选用技术标准,兼顾村内主干道功能。(四)改善农村主要经济节点对外公路交通条件,服务乡村振兴发展。加强老旧县乡道改造,提高乡村骨干路网通行能力和运行效率。

---

①　"老少边穷"是指革命老区、民族地区、边疆地区、贫困地区。

（三）不让任何一地因交通而掉队

人民交通为人民。农村公路发展过程中始终把人民对美好生活的向往作为努力方向，注重均衡发展、协调发展，让人民群众共享交通发展成果，不让任何一地因交通而掉队。

促进区域农村公路平衡发展。中国幅员辽阔、乡村广布，区域间发展程度参差不齐。制定差异化农村公路建设支持政策，对中部地区、西部地区、特殊困难地区确定不同的建设重点，制定投资政策进行倾斜性支持，重点发展脱贫县、乡村振兴重点帮扶县、欠发达地区、山区、民族地区等地区农村公路，逐步补齐短板，缓解区域间农村公路发展不平衡问题。

缩小城乡交通差距。持续提升农村公路品质，实施路面硬化、窄路基或窄路面路段改造、乡镇通三级路、建制村通双车道公路、乡镇对外双通道、老旧县乡道改造等一系列工程，农村地区交通基础网络、骨干网络不断完善，与城市道路的差距逐步缩小。

解决特殊地区出行难题。改一条溜索、修一段公路就能给群众打开一扇脱贫致富的大门。为了保障偏远山区百姓安全出行,推动"溜索改桥"建设,专项资金支持、精心组织实施,用3年时间彻底改善了溜索地区出行条件(专栏3)。推进"直过民族"①和人口较少民族聚居区农村公路建设,解决民族地区交通闭塞的突出问题,加快民族地区脱贫致富步伐。

专栏3 "溜索改桥"

溜索是一种渡河工具,它以一条钢索或粗绳连接山谷两侧,一头高、一头低,人、货物、牲畜等可由高向低溜过河谷。溜索安全隐患大,运输效率低。在很多偏远地区,群山横亘、江河交错,人们出山得靠溜索,否则就要翻山越岭大费周折。

交通基础设施建设具有很强的先导作用,特别是在一些贫困地区,改一条溜索、修一段公路就能给群众打开一扇脱贫致富的大门。为彻底改善溜索地区出行条件,交通运输部、国务院扶贫办联合制定并组织实施了《"溜索改桥"建设规划(2013—2015年)》,将云南、四川、贵州、陕西、甘肃、青海、新疆等7省(区)边远山区的溜索改成安全可靠的人行桥或车行桥。7个省(区)共计完成309个"溜索改桥"项目,配套建设近900公里的连接道路,惠及904个建制村的96万群众(其中贫困人口66万人)。

"溜索改桥"工程实施,有效改善了边远深山沿江(河)地区的对外交通条件,显著提高了群众出行的安全性和便捷性,彻底结束了山里百姓依靠溜索往来的历史,曾经出行困难的村民们也由此走进了"大桥时代"新生活。

---

① "直过民族"是云南省对部分民族的特定称谓,源于这些民族跨越一个或几个发展阶段直接进入社会主义社会。

（四）标准引路向"绿"而行

以政策制度、标准规范为指引,强化监管监督,建设质量优良、安全耐久、绿色发展的农村公路。

强化制度标准保障。管理制度让农村公路建设有法可依、有章可循。出台《农村公路建设管理办法》等部门规章和《农村公路建设质量管理办法》《关于提升农村公路工程质量耐久性的实施意见》等政策制度文件,为农村公路建设责任划分、建设规划、资金筹措、建设施工、质量安全、工程验收等提供有效的制度保障。

建设符合标准的农村公路。结合地形地貌等实际情况,以《公路工程技术标准》《小交通量农村公路工程技术标准》等为指导,在技术等级选用、交通量、设计速度、路线、路基、路面、安全设施等方面严格执行行业或地方标准规范,确保建成符合标准的农村公路。农村公路宽度一般不低于 4.5 米,高级路面(沥青、水泥混凝土路面)比例超过 87%。

打造质量耐久的农村公路。高度重视农村公路建设质量,贯彻全过程质量安全理念,严格执行公路建设项目法人责任制度、招标投标制度、工程监理制度和合同管理制度。

严格按图施工,对偷工减料等行为严肃查处。加强对农村公路参建人员职业培训和技术指导,提升农村公路质量管控能力。强化建设质量检测,开展年度农村公路实体质量抽检,重点加强农村公路安全防护设施质量监管。农村公路建设工程实行质量责任终身制。强化工程质量监督评价,推行农村公路建设"七公开"制度,将建设计划、补助政策、招投标、施工管理、质量监管、资金使用和工程验收等信息公开,接受社会监督。建立以质量为核心的农村公路信用评价机制,质量信用评价结果在市场准入、招投标和行业监管中得到应用。

推进绿色发展。绿水青山就是金山银山,牢固树立和践行绿色发展理念,建设以资源节约、生态环保、节能高效、服务提升为主要特征的绿色农村公路,实现健康可持续发展。节约集约利用资源,严格保护土地资源。推行废旧材料再生循环利用。推行生态环保设计,严守生态保护红线,实现路与自然和谐共生。突出全寿命周期成本理念,实施标准化施工。因地制宜建设沿线充电基础设施、交通驿站、停车休息观景点等,服务群众绿色、便捷出行。

三、农村公路治理更加
协同、规范、高效

建好是基础,管好是保障。立足当前,着眼长远,准确把握农村公路发展规律、趋势、特征,不断建立健全体制、机制、政策、制度,持续提高农村公路治理能力。

(一) 构建完善的法律法规政策体系

致力于提高治理管理效能,坚持问题导向,持续深化农村公路管理体制机制改革,健全完善法律法规政策,强化要素保障,逐步构建农村公路治理体系的"四梁八柱"。

健全法律法规。高度重视农村公路立法工作,先后出台一系列相关法律法规、规章制度。1997 年,《中华人民共和国公路法》出台,历经 5 次修正,对包括县道、乡道在内的公路规划、建设、养护、经营、使用和管理进行了规定。2011 年,颁布《公路安全保护条例》,对开展执法巡查、违建清理、超限超载车辆管理等工作进行了明确。目前,正在积极推进《农村公路条例》制定工作。全国各省(区、市)颁布农村公路条例或公路条例等地方性法规。颁布《农村公路养护管理办法》《道路旅客运输及客运站管理规定》等部门规章。形成了国家法律为龙头,行政法规为骨干,地方性法规和部门规章为支撑的农村公路法律法规体系。

完善政策制度。出台《关于推动"四好农村路"高质量发展的指导意见》等20余项政策文件,建立覆盖体制、机制、组织、监管、资金、考核、服务等领域的农村公路政策制度体系。把责任制作为管理的重中之重,出台《关于深化农村公路管理养护体制改革的意见》,确立省、市级政府加强统筹和指导监督、县级政府履行主体责任,建立县级相关部门、乡级政府农村公路管理养护权力和责任清单,形成上下联动、密切配合、齐抓共管的工作局面。建立农村公路"路长制"(专栏4),由县、乡两级行政负责人和村(居)委员会负责人担任路长,实现跨部门协同,推动政府主体责任高效落实,使农村公路管理逐步从粗放向精准、从被动向主动、从单打独斗向齐心协力转变。

为夯实政府责任,特别是压实县级政府主体责任,中国建立了农村公路"路长制"。

2020年,印发《关于全面做好农村公路"路长制"工作的通知》,按照"政府主导、属地管理"的原则,建立"总路长+三级路长"体系。在县域内设立总路长,由县级人民政府主要负责人担任,设立县、乡、村三级路长,分别由县领导、乡镇负责人、村委会负责人担任。实行各级路长对总路长负责、下级路长对上级路长负责的责任分工制度。各级路长负责推进农村公路设施建设,开展农村公路管理养护,提升运输服务水平,进行沿线隐患整治,加强路域生态环境保护,强化交通运输安全管理等。

农村公路"路长制"的实施,完善了农村公路县、乡、村三级管理体系,打通农村公路治理"最后一公里"。截至2023年底,共有各级路长68万人,有农村公路管理任务的县级行政单位实现了农村公路"路长制"全覆盖。

（二）建立多元化资金保障机制

农村公路的发展离不开资金的投入和保障,特别是中央和地方各级政府财政资金是保障中国农村公路快速发展的关键。各级政府坚持上下联动、统筹推进,逐步构建"政府主导、分级负责、多元筹资、规范高效"的农村公路资金筹措体制机制,有效破解农村公路资金保障难题。

明确农村公路财政事权与支出责任。推进交通运输领域中央与地方财政事权和支出责任划分改革,将农村公路明确为地方财政事权,细化和夯实各级政府在农村公路方面的财政事权和支出责任,改变过去长期以来"上下不清,左右不明"的局面。对地方政府履行农村公路财政事权、落实支出责任存在收支缺口的,上级政府根据不同时期发展目标给予资金支持。

加大各级财政资金支持力度。政府投入在农村公路建设养护中发挥至关重要的作用,中央通过车辆购置税收入补助地方资金、中央预算内投资、成品油税费改革转移支付等资金渠道,省、市、县三级政府加大各类财政资金投入支持农村公路发展。地方政府将农村公路管理机构运行经费和人员基本支出纳入地方一般公共预算,将农村公路发展纳入地方政府一般债券重点支持范围。农村公路日常养护资金按照不低于县道每年每公里 10000 元、乡道每年每公里 5000 元、村道每年每公里 3000 元的标准执行。指导各地用好用足农村客运补贴资金。十年来,累计完成农村公路固定资产投资 4.3 万亿元,累计投入养护资金 1.1 万亿元,其中政府资金均占 80% 左右。每年中央财政投入 89 亿元农村客运补贴资金。

利用多元化市场融资方式拓宽融资渠道。充分发挥市

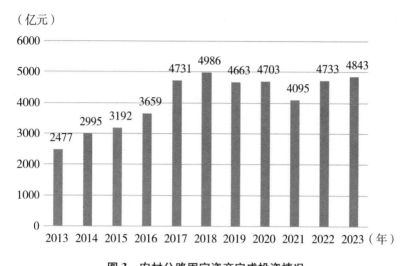

（亿元）

图3　农村公路固定资产完成投资情况

场融资机制在农村公路发展中的重要作用,积极拓宽资金来源渠道。各地区结合实际,通过将农村公路与产业、园区、乡村旅游等经营性项目实行一体化开发等方式创新"农村公路+"投融资模式(专栏5)。通过将农村公路管养纳入政府购买服务指导性目录,探索农村公路灾毁保险等方式支持农村公路养护。鼓励各类金融机构依法合规加大对符合条件的农村公路建设的支持力度。十年来,全国累计使用各类金融机构信贷资金约8000亿元用于农村公路发展。

地方政府积极探索,在农村公路建设养护资金筹措方面采取创新性举措,一定程度上缓解了农村公路资金短缺的难题。

福建省永安市创新推广"福路贷"融资模式,积极争取政策性金融支持,将农村公路建设与沿线配套设施完善、产业园区和古镇旅游景区开发一体推进,产生的综合收益作为还款来源,保障还本付息,拓宽农村公路建设资金来源。

浙江省丽水市积极探索山区农村公路灾毁保险机制,全市农村公路修复资金到位率从"十二五"时期的27%提升到"十三五"时期的96%,显著提高了农村公路抵御风险和应急抢险能力。

陕西省汉中市全力争取各级财政、债券等资金,通过资金补助、先养后补等多种方式支持农村公路建设和养护,同时积极探索交旅融合反哺、交通旅游打捆招商、路衍经济开发等市场化手段,推动项目与资金有效对接,解决自筹资金难题。

规范高效用好农村公路发展资金。完善车辆购置税补助地方资金转移支付制度,利用"以奖代补"方式支持农村公路建设(专栏6),对各级财政用于农村公路的资金实施全过程预算绩效管理,提高农村公路资金使用效益,加强农村公路资金使用监管,给资金戴上"紧箍咒"。在资金管理和使用上建立"谁申报谁负责""谁使用谁负责"的责任机制,确保资金实际足额拨付到位,并按有关规定向社会公开,接受群众监督。加强农村公路债务风险防控,依法合规筹措债务资金。

专栏6	农村公路车购税"以奖代补"

车辆购置税收入补助农村公路建设,是中央财政支持农村公路发展的重要方式。2021年,为进一步加强车辆购置税收入补助地方资金管理,提高资金使用效益,财政部、交通运输部颁布《车辆购置税收入补助地方资金管理暂行办法》,采用"以奖代补"方式实施车辆购置税收入补助农村公路建设。

按"以奖代补"方式,车辆购置税收入补助地方资金年度奖补资金先按一定比例预拨,后清算下达。清算资金基于上一年度各省份考核目标任务完成情况,包括建设任务完成情况、养护任务完成情况、地方财政投入情况等。

该政策强化绩效导向,将全面预算绩效管理贯穿资金管理全过程,有力发挥了中央资金的杠杆作用,健全地方科学谋划农村公路发展的长效机制。

(三)数字化转型提升治理效能

数字化是提高农村公路治理能力的"助推器"。坚持"统筹谋划、需求导向、协同共享、安全适用"的原则,推动农村公路建设、管理、养护、运行、服务全流程数字化转型,为构建现代化农村交通运输体系提供支撑。

筑牢农村公路数字化底座。实施《农村公路基础设施统计调查制度》《公路养护统计调查制度》《道路运输统计调查制度》等,定期开展监测统计,建立基础设施数据库,实现农村公路建、管、养、运全业务链条的在线管理监测,提升农村公路数字化、智能化的统计、监测和管理水平。开展农村公路"一路一档"信息化建设,实现每条农村公路基础数据信息可查可溯,基本实现农村公路"一张图"管理。

深化农村公路数字化应用。结合基础数据,推进技术状况、养护作业、资金分配、应急调度、"路长制"运行、统计管理、出行服务等数据融合,实现信息互通共享。创新引入物联网、卫星遥感、云计算、人工智能等先进信息技术,积极探索 AI 自动巡检、无人机智能巡检、路网智慧监测、智慧养护、灾害智慧预警、大数据决策分析等在农村公路领域的应用场景,持续提升农村公路数字化水平。

(四) 示范试点带动整体提升

通过示范创建、试点探索、品牌建设等方式,让典型引路和发挥示范作用,带动提升农村公路整体发展水平。

开展示范创建活动。组织开展"四好农村路"全国示范县、城乡交通运输一体化示范县等示范创建活动(专栏7),促进实践创新。2018 年以来,累计命名"四好农村路"全国示范县 545 个,城乡交通运输一体化示范县 102 个。加强经验总结和推广,在"路长制"、信息化应用、资金筹措、交旅融合、客货邮融合、促进共同富裕等领域形成 100

余个典型案例和150个农村物流服务品牌。

加强试点探索。试点是探索发展路径、提高管理效能的重要手段。围绕交通强国建设发展目标,开展15个"四好农村路"高质量发展交通强国建设专项试点,在政策制度、体制机制、技术创新、融合发展、灾毁保险等方面,探索不同区域、不同领域农村公路高质量发展新路径。确定167个农村公路管理养护体制改革试点单位,聚焦"路长制、创新养护生产模式、信息化管理、美丽农村路、资金保障、创新投融资机制、信用评价机制、政府考核"8个领域,推进农村公路管理责任落实、管理机制完善、管理模式创新。

专栏7　示范创建

在农村公路相关领域先后开展了"四好农村路"全国示范县、城乡交通运输一体化示范县等示范创建活动,以县级行政单位为创建主体,以示范引领、典型带动,推动"四好农村路"高质量发展、城乡交通运输一体化水平全面提升。

示范创建围绕增强治理能力、完善基础设施网络、提升综合运输服务能力、管养保障责任落实、提高安全保障能力、促进融合发展等方面,指导县级单位开展创建活动,推动区域"四好农村路"高质量发展,全面提升城乡交通运输一体化发展水平。

通过示范创建工作,涌现了一大批发展基础厚实、成效经验突出、示范作用显著的示范县,形成当示范、争典型、比学赶超的生动局面,服务支撑乡村振兴战略全面实施。

四、农村公路更加舒适、安全、耐久

秉持"建设是发展,养护也是发展"的理念,坚持科学养护和全面养护相结合,从提升路况、保障安全、绿化美化等重点入手,持续提升养护效能,提高农村公路服务水平。

(一)营造"畅、安、舒、美"的出行环境

农村公路养护成效显著,路况水平、安全水平显著提升,路域环境更加美观,农民群众出行越来越顺畅、越来越安全、越来越舒心。

路况水平实现跨越式提升。持续加大养护投入,全面开展日常养护,大力实施养护工程,农村公路养护工程年均比例超5%。十年来,累计实施修复养护工程184万公里,优良中等路率①从79%上升至91.1%,基本实现"有路必

---

① "优良中等路率"是指评定结果为优等、良等和中等的比例。按《公路技术状况评定标准》,公路技术状况划分为优、良、中、次、差五个评定等级。

养、养必到位"。

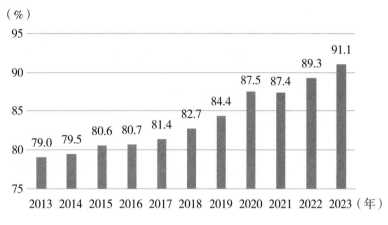

（%）

图4 农村公路优良中等路率变化情况

安全保障能力显著增强。不断加强农村公路基础设施建设，深入排查治理安全隐患，强化农村公路交通安全管理，农村公路本质安全水平和应急保障能力不断增强，道路交通安全形势持续稳定。2023年农村公路一次死亡3人以上较大交通事故起数比2013年下降36.5%，一次死亡10人以上重特大交通事故起数比2013年下降85.7%。

路域环境持续优化。扎实开展农村公路路域环境综合整治，加强洁化、绿化、美化，农村公路实现"路田分家"99万公里、"路宅分家"62万公里，农村公路更加整洁、美丽。

（二）规范化专业化养护

农村公路"三分建，七分养"。健全完善养护技术体系，发展先进适用的养护技术，不断提高养护效能，保持农村公路完好、畅通。

积极推行养护科学决策。将养护科学决策纳入到养护工作全过程、各环节，遵循全寿命周期综合效益最佳理念，以公路技术状况检测评定、养护需求分析、养护方案确定为基础，综合考虑技术、经济、安全、环保等因素，合理确定养护工程项目，为养护工作实施提供科学依据。研发路面自动化检测车、便携式检测装备，应用大数据及人工智能等技术，探索采用与养护巡查、路政巡查、客货运输结合的方式，加快推进农村公路路况自动化检测，2023年农村公路路面自动化检测比例达到70%。深化检测数据分析应用，更加有力支撑养护科学决策，农村公路养护精细化、精准化水平持续提升。

规范实施养护作业。出台《农村公路养护技术规范》《农村公路技术状况评定标准》《农村公路养护预算编制办法》等技术标准规范。加强日常养护，开展日常巡查、日常保养和小修，保持农村公路处于良好的技术状况。重视预防养护,科学安排预防养护工程,有效延长农村公路使用寿命;实施修复养护,加强专业化设计,针对性确定养护对策;做好专项养护,加快提升或恢复服务功能;开展应急养护,突发情况造成农村公路损毁、中断、产生重大安全隐患时,尽快恢复安全通行。

创新多元养护组织模式。有序推进农村公路养护市场化改革,政府与市场合理分工的养护生产组织模式逐步建立,养护作业更加科学规范高效。农村公路预防养护、修复养护等养护工程通过招投标方式,委托专业队伍实行专业化养护。鼓励采用干线公路建设和养护与农村公路打捆招标、农村公路片区化养护总承包、农村公路建设和养护捆绑招标等新型生产组织模式。农村公路日常养护采用群众性养护和专业化养护相结合的方式,积极吸收沿线群众参与,强化技能培训,逐步建立相对稳定的群众性养护队伍。

推动"四新"技术应用。新技术、新工艺、新材料、新设备的推广和应用,对于提高公路养护质量、延长公路使用寿命、降低养护成本、促进公路行业可持续发展具有重要作用。采用就地冷再生、厂拌热再生、水泥路面白改黑碎石化利用等工艺,废旧路面材料、废旧轮胎、工业固废、建筑废弃物等废弃物循环利用技术,推动轻量化高强钢等新材料在安全设施上的推广应用,应用新型摊铺机、小型灌缝机等设备,在节约投资、缩短工期、节能环保等方面取得了良好效果。

(三)把安全摆在首要位置

强化农村公路安全隐患治理和基础设施安全防护,切实保障人民群众安全、便捷出行,让农村公路成为安心之路、畅通之途。

加强设施安全防护。严格执行安全设施与主体工程同时设计、同时施工、同时投入使用的"三同时"制度。扎实开展公路安全设施和交通秩序管理精细化提升行动,实施和完善农村公路安全生命防护工程,持续深化农村公路"千灯万带"示范工程,强化农村公路安全隐患整治。十年来,累计实施农村公路安全生命防护工程 123 万公里,标识标线、减速带、信号灯等安全设施设置不断完善,农村公路安全防护水平显著提高。

实施危旧桥梁改造。桥梁是交通网络中的关键节点性工程,实施危旧桥梁改造,是保障桥梁安全运营、维护农村公路安全畅通的重要基石。加强桥梁管理和重点桥梁定期检测,严格落实责任划分、信息公开、资金保障等桥梁安全运行"十项制度",扎实开展农村公路桥梁护栏安全防护能力提升、独柱墩桥梁运行安全提升、桥梁信息和限载标志规范设置等专项工作。深入开展公路危旧桥梁改造行动,十年来,累计实施农村公路危旧桥改造5.8万座,危桥总数逐年下降,一二三类桥梁①比例从83.2%上升至98%,农村公路桥梁安全耐久水平不断提高。

（四）增强路网韧性,提升保通保畅能力

坚持人民至上、生命至上,统筹高质量发展和高水平安全,健全完善农村公路防灾减灾体系,持续提升农村公路网络安全韧性与应急保障能力,切实维护人民群众生命财产安全。

强化应急保障。中国地域辽阔,山川河流地势复杂,洪涝、地质等灾害多发频发,防灾减灾不仅是应急之举,更是长久之计。出台《关于进一步提升农村公路防灾减灾能力的意见》,健全农村公路突发公共事件应急管理机制,提升

---

① "一二三类桥梁"是指评定结果为一类、二类、三类的桥梁。按《公路桥梁技术状况评定标准》,桥梁总体技术状况等级评定结果为一类、二类、三类、四类、五类。评定结果为四类、五类的桥梁为"危桥"。

应对突发公共事件和安全应急保障防灾减灾能力。依托国家区域性公路交通应急装备物资储备中心,推动地方公路交通应急物资储备中心建设,布局完善、品类完备、随调随用的交通应急物资储备体系逐步完成。有序实施农村公路管理站、道班等场所拓展改造,完善应急装备、物资、工具储备功能。加强专群结合的应急抢险队伍建设,强化应急预案演练、人员教育培训和运力储备,应急处置能力不断提升。

加强巡查巡护。防微杜渐,未雨绸缪,常态化开展日常巡查检查,强化重点时段重点路段巡查防护。分类分级细化自然灾害应对措施,汛期和台风等恶劣天气来临前及时清理疏通边沟、排水沟等排水设施,加强对高边坡、急弯陡坡、临水临崖、路侧险要、自然灾害风险点、历史灾毁点等重点路段集中排查,实施必要的防护工程。遇到低温雨雪冰冻等恶劣天气,加大对易积雪结冰等重点路段巡查检查,提前撒布防滑料、除冰剂、融雪剂等,及时除冰除雪,强化标识提醒和警示预警,保障路网畅通。

强化抢通保通。加强监测预警和调度指挥,动态掌握气象变化和自然灾害预警信息,及时启动防御响应或应急响应。建立预警响应联动和直达基层一线的临灾预警"叫应"机制,强化现场应急避险能力。及时打通抢险救灾"生命线",保障应急人员和装备安全顺畅通行。有序有力组织开展农村公路抢修抢通,加大资金支持力度,抓好灾后恢复重建,保障群众安全出行和恢复生产生活。

五、促进农村地区"人享其行、物畅其流"

持续致力于满足农民群众日益增长的美好生活需要,不遗余力地拓展农村地区客货运输服务覆盖范围,提升城乡交通运输服务均等化水平,实现城乡之间人员、物资的顺畅流动,有力推进城乡要素平等交换和公共资源均衡配置。

(一) 农民出行更便利

突出农村客运公益属性,以提升均等化水平、优化供给模式、构建长效机制等为重点,持续完善农村客运体系。

千乡万村通客车。为了让每一位老百姓都能"出家门、上车门、进城门",各地结合实际,通过农村公共汽电车、农村班车客运、区域经营、预约响应等多种形式,形成了以县城为中心、乡镇为节点、建制村为网点,遍布农村、连接城乡、纵横交错的农村客运服务网络,乡村之间、城乡之间连接更加紧密。十年来，累计新增通客车乡镇超过 1100 个、建制村超过 4.5 万个，具备条件的乡镇和建制村通客车比例均达到 100%。

完善可持续发展政策。农村地区客运服务需求点多、面广、运营成本高，为实现农村客运可持续运营，建立了农村客运补贴制度，对农村客运车辆购置、平台建设和运营过程进行补贴，不断探索政府购买服务、"以奖代补"等新模式。在客流相对较少的地区，根据经营区域内群众出行需求灵活采用区域经营、预约响应等农村客运形式，实现服务质量与运营成本双赢。

提升农村客运服务质量。为了最大程度满足广大农民群体性、潮汐性、节令性出行需求，不断创新农村客运运营模式，在重点时段开通学生班、赶集班、春耕班、秋收班、旅游专线等特色服务。推动城镇化水平较高的地区公交线路向乡村延伸和农村客运班线公交化改造，不断提升城乡客运均等化水平。在农村客运车辆安装动态监控终端，因地制宜建设农村客运信息系统，农村客运服务的精准性和安全性进一步提升。农村客运车辆车况明显提升，截至 2023 年底，农村客运车辆达 34.2 万辆，新能源、中高等级车辆比重不断提高。高效、便捷、实惠的农村客运服务，充分赢得了人民群众的认可和口碑。

（二）农村物流"活"起来

通过建节点、拓网络、抓服务，全力破解农村物流发展的短板和瓶颈，"城货下乡、山货进城、电商进村、快递进村"城乡双向运输进一步打通，为农业农村现代化注入新动能。

构建农村物流网络节点体系。统筹城乡物流发展，加大对农村物流节点建设资金支持力度，截至 2023 年底，各地整合客运站、货运站、邮件快件处理场地、供销合作社仓储物流设施、电商仓储场地等建成 1267 个县级寄递公共配送中心，整合利用邮政、快递、供销、电商等村内设施资源建设 28.9 万个村级寄递物流综合服务站，推动完善城乡物流服务设施体系，有效促进了城乡物流的畅通快捷。

创新农村物流服务模式。深化农村物流与客运、邮政、商贸融合发展，因地制宜打造适合当地发展实际的特色农村物流服务模式，提高农村地区物流资源整合效率，先后打造 4 批 150 个农村物流服务品牌，"客运+货运两网合一""网络平台货运+农村物流""特色产业+农村物流""电子商务+农村物流"等农村物流新模式蓬勃发展,以点带面提升农村物流综合服务能力。

（三）城乡交通运输更均衡

统筹推进城乡交通运输体系协调发展,稳步提升城乡交通运输均等化服务水平,加速人流、物流在城乡间流动,为县域经济发展注入新活力。

完善城乡交通运输发展保障体系。科学进行顶层设计,发布《关于稳步推进城乡交通运输一体化提升基本公共服务水平的指导意见》,加快推进城乡交通运输基础设施一体化、城乡客运服务一体化、城乡货运物流服务一体化建设,营造城乡交通运输一体化发展环境。建立考核评估机制,开展城乡交通运输一体化发展水平年度评估工作,有针对性地推进城乡交通运输一体化发展。城乡交通运输一体化发展水平达到良好以上(含优秀)级别的县级行政区占比达 93.6%。

加强城乡交通运输服务网络衔接。实现城乡客运服务网络与重点铁路客运场站、机场、码头的一体化衔接和换乘,提升城乡交通运输服务网络运营水平。针对农业产业发展需求,实现城乡物流一体化配送。根据农村产业特点,推动专业化和综合性城乡物流体系建设,尤其是电商、专业配送、冷链配送等服务体系,提高农产品流通效率。加强交通运输资源整合,促进跨业融合发展,推进城乡交通运输"路、站、运、邮"协调发展,以"城乡交通+"为范式持续推进城乡交通服务产业融合发展。

加快推进农村客货邮融合发展。为统筹解决农村客运可持续运营、快递下乡进村和农产品出村进城难题,发布《关于加快推进农村客货邮融合发展的指导意见》,坚持"政府引导、市场主导",深入推进农村客货邮运行机制、基础设施、运输线路、运营信息等共建共享,加强资源统筹利用,推动融合发展(专栏8)。截至2023年底,所有省份和超70%地级以上城市建立了交通运输、邮政、商务、供销等部门共同参与的工作机制,共开通农村客货邮合作线路1.1万余条,共建成县、乡、村三级客货邮服务站点9万余个,形成"客运邮路""货邮同网"等典型模式,有效巩固了通客车成果,农村物流、邮政快递降本增效取得明显进展,带动了农村电商、特色产业等蓬勃发展。

专栏8　加速客货邮融合，助力产业振兴发展

湖南省岳阳市汨罗市自开展农村客货邮融合工作以来，以"全域公交"服务体系为依托，整合邮政、供销、快递网点、商店超市等资源，建设市级客货邮融合发展运营中心和分拣中心，自主开发客货邮信息调度系统，设立专项引导资金，构建了资源共享、集约高效的农村客货邮融合发展体系，日均农村邮件快件数量达4万余件。

汨罗市通过农村客货邮融合与电商协同发展，加快培育农村产品产业，带动特色农产品上行，推动客货邮融合更好地服务乡村振兴战略实施。2023年，农村客货邮体系助力新增销售额约5000万元，直接为农民创收近800万元。

六、道路通达促进百业兴、农民富、乡村美

修建一条农村公路,串联一路美景、带动一片产业、发展一地经济、造福一方百姓。农村公路的建设和发展,有力支撑了农村经济社会的全面发展,为助力乡村全面振兴、加快农业农村现代化步伐提供坚强服务保障。

(一) 打开农民"致富之门"

"要想富,先修路"。在扶贫相关规划与政策指引下,以超常规举措和力度,加快贫困地区农村交通发展。2014年以来,贫困地区新改建农村公路超过140万公里,新增超过4.5万个乡镇和建制村通客车,2019年实现具备条件的乡镇和建制村通硬化路,2020年实现具备条件的建制村通客车,兑现了小康路上不让任何一地因交通而掉队的承诺,破解了长期以来制约贫困地区经济社会发展的瓶颈,为广大农民迈入全面小康奠定了坚实基础。

农村地区交通条件的持续改善吸引资本、项目和人才向农村流动,创造更多就业机会,拓宽农民群众致富增收渠道。各地还通过农村公路建设项目以工代赈(专栏9)、开发农村公路公益性岗位等方式进一步拓宽农民群众就业渠道,实现农民群众就近就地就业增收。目前,农村公路建设项目以工代赈方式年吸纳农村劳动力约 8 万人,人均年增收约 8500 元;农村公路管理与养护领域提供就业岗位约 85 万个,人均年收入约 1.3 万元。

专栏9　农村公路建设和养护领域推广以工代赈

"以工代赈"是指政府投资建设基础设施工程,受赈济者参加工程建设获得劳务报酬,以此取代直接赈济的一项扶持政策,主要目的是向参与工程建设的群众发放劳务报酬、开展技能培训,促进其就近就地就业增收。

农村公路建设和养护投资规模大、受益面广、带动能力强,吸纳当地群众就业潜力大。近年来,我国强化组织指导,印发通知推广以工代赈,编制以工代赈实施指南,对以工代赈实施范围和对象、工作流程和主要内容等进行规范和说明。

农村公路建设和养护领域推广以工代赈方式成效显著,实施项目数和吸引农村劳动力逐年增加,不仅帮助农民群众就近就地就业增收,也提升了劳动技能,激发其依靠自身劳动增收致富的内生动力。

（二）推进乡村全面振兴

产业兴旺是乡村振兴的重要基础。坚持把农村公路融入农村地区经济发展全局,推动农村地区"因路而兴""因路而富""因路而美"。

促进乡村产业现代化。立足农村地区资源禀赋,结合县乡级国土空间规划,引导农村公路与产业园区等协同布局,加快通往主要特色产业节点的农村公路建设,改善农村主要经济节点对外交通条件,发展"农村公路+特色农业",保障农业现代化发展。

助推乡村旅游发展。结合地方自然景观、文化底蕴,合理规划农村公路,加强农村公路与乡村文旅资源对接,打造精品主题旅游线路(专栏10),全面拓展农村公路服务附加值,让乡亲们世世代代守护的山川秀色,成为游人如织的风景名胜,推动乡村旅游赋能乡村振兴。

盘活农村地区特色资源。推进"农村公路+特色资源",将农村公路发展与当地能源矿产等自然资源相融合,坚持公路围绕产业建,实现路产融合,为乡村经济发展提供新动能。

鄂尔多斯市鄂托克前旗位于内蒙古自治区西部,是内蒙古自治区 33 个牧业旗之一,有着丰富的自然景观和人文历史。近年来,鄂托克前旗打造旅游环线、畅通资源路线、激活产业链条,开创了农村公路"路衍经济"发展的新路径。

鄂托克前旗重点打造通史至城川、昂素至城川、城川至三段地等精品旅游示范路,将沿线的历史名胜、草原风情、民俗文化、大漠风光等串珠成线,辐射带动沿线 1000 多户农牧民吃上了"旅游饭"。2019 年以来,鄂托克前旗承接游客约 500 万人次,实现旅游收入超过 100 亿元。

农村公路的快速发展成为推动鄂托克前旗文旅产业发展和农牧民增收的新引擎,让当地群众走上康庄大道。

（三）助力宜居宜业和美乡村建设

建设基础设施完备、公共服务普惠、乡村文明繁荣的宜居宜业和美乡村,是让农民就地过上现代生活的迫切需要,也是焕发乡村文明新气象的内在要求。

让乡村因路而美。农村公路规划设计时注重与自然环境、风土人情、人文文化等和谐交融。持续推进农村公路路域环境治理,不断加强农村公路绿化美化。美丽农村路接山川、连林田,与特色村居相映成趣,助力形成一大批宜居宜业的特色村镇,绘就和美乡村新画卷。

推动基本公共服务延伸。安全、便捷、高效的农村交通为教育、医疗等基本公共服务向农村地区延伸提供了条件。农村交通的发展，让农民群众就医出行更加便捷安全，"护学专线""定制校车"等个性化运输服务，有效缓解了偏远地区学生"上学难"问题，促进城乡教育均等化发展。

促进城乡交流融合。农村公路发展有效缩短城乡时空距离，促进人员、物资、资金、信息、文化等在城乡间双向流通，推动以城带乡、以乡促城，改变了农村生产生活方式和社会面貌，拓宽了农民群众视野认知，助推形成城乡互补、协调发展、共同繁荣的新型城乡关系。

七、为发展中国家农村交通发展贡献中国力量

当前,许多发展中国家仍然面临贫困的考验,在发展的困境中寻路,农村交通仍然是制约经济社会发展的瓶颈之一。中国注重加强与国际社会在交通领域的互利合作。2018年,在中国的倡议和推动下,联合国大会通过了"消除农村贫困,落实2030年可持续发展议程"的决议,强调通过基础设施建设等措施加大减贫力度。长期以来,中国通过国际合作机制与其他国家交流分享发展经验,援建发展中国家农村公路基础设施,为世界消除贫困、改善民生和可持续发展作出积极贡献。

(一)提供符合国情、切实可行的公路技术标准

标准是人类文明进步的成果,是世界通用的技术语言,促进世界的互联互通。近年来,中国大力开展标准化工作,

通过标准驱动创新、合作、绿色、开放的共同发展。随着中国公路基础设施的快速大规模发展,相应建立起具有中国技术特色、世界先进水平的公路行业技术标准规范体系。这些标准是中国交通建设工程经验的总结,体现了中国公路工程建设领域的理论和工艺、设备、材料等技术创新成果。同时,中国幅员辽阔,地质地形复杂,工程类型丰富,中国标准具有很强的适用性和经济实用性。中国坚持"与世界相交、与时代相通",为适应日益增长的全球交通运输发展的需求,增进世界连接,促进知识传播与经验分享,在加强与有关国家基础设施"硬联通"的同时,着力推进"中国标准"与世界的"软联通"。

自 2012 年中国正式发布《公路工程技术标准》《公路桥涵设计通用规范》《小交通量农村公路工程技术标准》等首批 10 项公路工程行业标准外文版以来,目前已累计发布 73 项外文版标准,包括英、法、俄三个语种,涵盖公路、桥梁、隧道的勘察、设计、施工、养护、质量检验评定等主要专业技术领域,中国公路工程行业标准外文版体系已经基本形成,为发展中国家公路建设贡献了中国方案。中国公路标准在全球数十个国家数百个项目中得到应用,印尼泗马大桥、莫桑比克马普托大桥等都是采用中国标准建设的典范项目。中国在尼泊尔、莫桑比克等发展中国家援建的农村公路也均采用中国标准建设,以其经济、耐久、安全、舒适等技术特点造福当地百姓(专栏 11)。

专栏 11　应用中国标准建设的喀喇昆仑公路

中巴经济走廊上的重要陆路通道喀喇昆仑公路,因地质原因,建设技术复杂,工程难度高,采取中国标准、由中国企业承建的喀喇昆仑公路二期工程项目荣获 ENR 全球最佳工程奖。

中巴两国签署的《中巴公路技术合作五年行动计划》中,巴基斯坦参考借鉴中国技术和标准规范,结合巴基斯坦实际情况以及双方科研项目合作成果,在中国的帮助下分期分批制定该国急需的相关公路工程标准。

(二) 分享交流农村公路发展经验

中国坚持以全人类福祉为目标,发挥大国作用,主动为全球交通合作搭建新平台、构建新机制,推动知识经验分享,以务实行动展现大国担当。

搭建交流合作平台。2021 年中国成功举办第二届联合国全球可持续交通大会,聚焦减贫脱贫、交通先行,2023 年举办全球可持续交通高峰论坛,聚焦"共同发展——不让任何一国、任何一人掉队",与其他国家分享经验,在更广泛、更细化领域展现中国农村交通事业发展的决心和担当作为。建立中国国际可持续交通创新和知识中心,积极搭建合作交流平台,向国际社会宣介中国农村公路发展实践和成功经验。

参与国际组织相关工作。中国选派专家参加世界道路协会农村公路技术委员会工作,并通过联合国亚太经社会、上海合作组织、中亚区域经济合作组织等国际性组织广泛分享中国农村公路发展经验,推动各国提升对农村公路的安全性、可达性等的重视。

积极开展国际合作培训。中国积极为发展中国家培育专业技术力量,为各国公路可持续发展作出贡献。实施博茨瓦纳乡村公路设计与管理海外研修班、"一带一路"公路工程高级研修班、发展中国家公路建设技术人员培训班、公路网络规划研修班等28期培训班,培训相关领域人才800余名。

(三) 支持发展中国家农村公路建设

中国积极支持并参与发展中国家的农村公路建设项目,在其他发展中国家援建了大批农村公路基础设施项目,向世界农村公路领域分享中国方案、中国经验。通过参与项目建设、提供技术支持和人力资源,帮助当地改善农村地区道路基础条件(专栏12),极大方便当地人民出行,大幅度降低物流成本,增强城乡互动,促进当地农产品的流通和市场接入,对消减贫困、改善民生、提升人民群众的生活水平,促进当地经济社会发展具有重要意义,深受当地百姓好评,如中国无偿援建的马达加斯加首都郊区公路项目,便利了马哈扎扎镇鸡蛋运输,促进了当地蛋鸡养殖业发展,这条路被当地人亲切地称作"鸡蛋路"。

据不完全统计,2018 年以来,中国共支持柬埔寨、塞尔维亚、卢旺达、纳米比亚、瓦努阿图、尼日尔等 24 个国家实施公路与桥梁建设整修,帮助发展中国家改善交通基础设施条件。

专栏12　中国支持厄瓜多尔交通部灾后重建项目

厄瓜多尔交通部灾后重建一期项目位于厄瓜多尔中北部皮钦查省、因巴布拉省、圣多明各省以及沿海地区埃斯梅拉达斯省四个省份的交界位置,施工内容包括对 33.8 公里的原有砾石道路进行升级改扩建及新建一座长 177 米大桥。项目建成后,该国中北部省份的主要交通干线完成整体性联通,成为连接中北部地区和西部太平洋沿海地区的最便捷通道。该项目周边为当地棕榈、甘蔗及可可等农作物主要产区,原有路面为天然砾石路面。项目的实施极大便利了区域内农作物产品的运输,提高了道路安全等级,促进了当地农村社会经济发展。

该项目是落实习近平主席高访成果的首个项目,是中方支持厄瓜多尔 2016 年 7.8 级大地震灾后重建的重大成果。2023 年项目竣工通车,不仅解决了沿线约 150 万居民的出行困难,同时为完善厄瓜多尔全国公路网、推动地方经济发展提供重要助力,是两国不断深化友好合作的又一例证。

结　束　语

当前,中国已迈上以中国式现代化全面推进中华民族伟大复兴的新征程,农村公路事业迎来重大历史机遇期。中国将实施好路网提升行动、安全提升行动、运输提升行动、治理能力提升行动、出行服务提升行动、和美乡村提升行动、助力产业提升行动、就业增收提升行动等新一轮农村公路提升行动,加快完善现代化农村交通运输体系,奋力书写好加快建设交通强国农村公路新篇章。

到 2035 年,随着中国式现代化的不断推进,中国将建成"规模结构合理、设施品质优良、治理规范有效、运输服务优质"的农村公路交通运输体系。到本世纪中叶,随着社会主义现代化强国的全面建成,中国将建成与农业农村现代化发展相适应、与生态环境和乡村文化相协调、与现代信息通信技术相融合、安全便捷绿色美丽的农村公路交通运输体系。

中国将秉持开放、合作、共赢的理念,加强与各国在农村公路领域的交流与合作,共同探索农村公路发展的新模式、新路径,继续为全球农村公路和减贫事业贡献智慧与力量,共同绘制人类命运共同体的美好画卷。